तुम

रामेश्वर प्रसाद श्रीवास्तव

notionpress.com

INDIA • SINGAPORE • MALAYSIA

ISBN 979-8-88883-653-8

श्रीमती शारदा श्रीवास्तव

तुम्हें समर्पित

रामेश्वर प्रसाद श्रीवास्तव

मैंने कहा

मानव जीवन रिश्तों के सहारे अधिक सुविधाजनक एवं सुहावना हो जाता है। यह प्रथा पशु पक्षियों में भी विद्यमान है। अन्तर इतना ही है कि मनुष्य की तुलना में पशुओं में मातृत्व की प्रधानता तथा पितृत्व का अभाव रहता है। अन्य रिश्तों में केवल थोड़े समय के लिये भ्रातृत्व भी देखा जाता है। इसके अतिरिक्त पशु पक्षियों में थोड़ी सी दाम्पत्य की भावना भी पाई जाती है। इन रिश्तों से हट कर पशु पक्षियों में कोई अन्य नाता नहीं होता है।

किन्तु मनुष्य जैसे जैसे सभ्य होता गया उसके रिश्तों की संख्या बढ़ती गई। माता-पिता, पति-पत्नी, भाई-बहन साले-बहनोई, चाचा-भतीजे आदि अनगिनत रिश्ते मनुष्य में विकसित होते गये। इन रिश्तों में मिठास, सद्भावना, प्यार और श्रद्धा कूट-कूट कर भर गई।

फिर अंग्रजी सभ्यता का दौर आया। रिश्ते फीके पड़ने लगे और वयस्क होते-होते माता-पिता के प्रति सन्तान के सम्बन्धों की डोर ढीली पड़ने लगी। पति-पत्नी और अवयस्क बच्चों तक ही परिवार सीमित हो गये। तात्कालिक

सुविधा की लालसा में आज मनुष्य दूरगामी कठिनाइयों को भूल बैठा है।

मेरे चिन्तन में ग्रामीण पृष्ठभूमि मेरी पीठ थपथपाती रही है। मेरा जन्म एक विलक्षण गाँव में हुआ। इस गाँव में उज्जैन की ही तरह महाकाल, हरसिद्धि, नागराज, कालभैरव आदि के मन्दिर भी हैं। मध्यप्रदेश के शाजापुर जिले के इस गाँव का नाम है -'सुन्दरसी'।

इन्दौर, उज्जैन में अध्ययन कर मैं शासकीय सेवा में भोपाल बस गया। यहीं विवाह करके यहीं से रिश्तों का प्रारम्भ हुआ। ऐसे युग में मेरे भरे पूरे परिवार में मेरी पत्नी शारदा ने प्रवेश किया। भय लग रहा था कि डबल एम.ए., बी.एड. तक पढ़ी लिखी लड़की इस परिवार में कैसे निभेगी। किन्तु कुछ ही समय में शारदा ने परिवार के प्रति मेरे कर्तव्यों को अपने हाथ में लेकर हम सब को आश्चर्यचकित कर दिया। न केवल मुझे सहयोग ही दिया, वरन अपनी सूझ-बूझ से स्वयं सबकी सहायता के मार्ग खोजे।

४४ वर्षों तक हमारा सफल और कर्तव्यपरायण जीवन व्यतीत हुआ। इस वृद्धावस्था में अगस्त सन्तानवे में शारदा का उस समय देहान्त हो गया जब हम सब उत्तरदायित्वों से मुक्त होकर जीवन भर की साधना का फल भोगने की स्थिति में आ गये थे।

अपने निजी जीवन के बारे में इतना कहने का कारण यही है कि मैं अपनी कविताओं में से कुछ कविताएँ चुन

कर पुस्तक के रूप में मेरी दिवंगत जीवनसंगिनी शारदा को समर्पित कर रहा हूँ। इनमें शारदा से प्राप्त प्रेरणा निहित है।

कविताओं के बारे में क्या कहूँ आप पढ़ें और आशीर्वाद दें।

- रामेश्वर प्रसाद श्रीवास्तव

अनुक्रम

तुम

तुम्हीं ने साथ जी कर ललक जीने की जगाई थी,
तुम्हीं ने साथ हँस कर कला हँसने की सिखाई थी,
कसम खाई थी हमने ज़िन्दगी भर साथ चलने की,
कसम खाई थी हमने एक ही साँचे में ढलने की।
सरित तट रेत पर ढाले घरोंदों के कई ढाँचे,
बनाये कल्पना में सुखी जीवन के कई साँचे
तुम्हीं ने दीप बनकर पन्थ आलोकित किया पल-पल,
तुम्हीं ने हाथ लेकर हाथ में पग-पग दिया संबल।

नियति की बाढ़ आई और बहा कर ले गई सपने,
न अब अपने हैं वो सपने कभी लगते थे जो अपने।
तुम्हें खोया कि जैसे ज़िन्दगी की थम गई हलचल,
कि जैसे श्याम रँग में रँग गया है समय का आँचल।
तुम्हारे बिन सुलगते दिन झुलसती रात बीती हैं,
तुम्हारे बिन रुलाई से भरी बरसात बीती हैं।
शिशिर ऋतु ने जलाया है, शरद ऋतु ने जलाया है,
बसन्तों ने भी डट कर ज़ोर अपना आज़माया है।
चिढ़ाते ही रहे हर दम हरे सावन भरे भादों,

दहकते जेठ ने बैसाख ने जी भर रुलाया है।
हवा भी चाँदनी भी और रिमझिम भी सितारे भी,
अँधेरे भी उजाले भी खिज़ाएँ भी बहारें भी,
सभी ने देख कर मौक़ा अकेले में सताया है,
बतायें किस तरह तुम बिन हर एक मौसम बिताया है।

तुम्हारी पलक मुँदते ही पराई हो गई दुनिया,
जो दुलराती थी मुझको आततायी हो गई दुनिया।
शहर लगता नहीं अपना, न घर लगता है घर अपना,
डगर लगती नहीं अपनी न दर लगता है दर अपना।
नदी बहती रहेगी किन्तु वो कलकल नहीं होगी
लिखूँगा और भी कविता मगर प्रांजल नहीं होगी।
न जाने कौनसी नफ़रत न जाने कौनसा जज़्बा,
बनाने वाले कह तो क्या तेरे दिल में समाया है।

●

मन

मन की मन सुन लेता था
जब नहीं बोलती थीं तब भी,
समझा सकती थीं लाखों को।
कितनी भाषाएँ आती थीं,
अलसित कजरारी आँखों को।
कुछ कह न सकीं,
चुप रह न सकीं,
पर हृदय हृदय की फिर भी तो,
धड़कन-धड़कन सुन लेता था।

आमन्त्रण देते नयन जलज,
होंठों पर मृदु मुस्कान सहज
स्मृति आती थी तो कहता था,
वे आयें तब तक मत आना।
दिल भर आया
पर रोक रखा,
वे दूर रहें पर फिर भी मन
क्रन्दन-क्रन्दन सुन लेता था।

तुम नारि तुम्हारे मानस में,
पलती पीड़ा का कहाँ अन्त,
महकी ममता की मधुर गंध,
फैली जगती में दिग-दिगन्त।
हे सुमुखि तुम्हारा
अन्तस भी
कलिका के रस हित भँवरे की
गुंजन-गुंजन सुन लेता था।
मन की मन सुन लेता था।

अकेला

हँसता हूँ तो मेरे साथ सभी हँसते हैं,
रोने का अभ्यास अकेले ही करता हूँ।
मित्र ठहाके मेरे साथ लगा लेते हैं,
पीड़ा का उच्छ्वास अकेले ही भरता हूँ।

कभी तीर पर कभी नीड़ में कभी डाल पर,
कलरव करता हूँ तो सभी रसिक सुनते हैं।
किन्तु कभी आखेटक तीर चला देता है,
घायल होकर निपट अकेला ही गिरता हूँ।

जल क्रीड़ा में कई खिलाड़ी मिल जाते हैं,
तैर-तैर कर कलाबाज़ियाँ दिखलाते हैं।
किन्तु डूब कर पुन: सतह पर जब आता हूँ,
लहरों पर निर्जीव अकेला ही तिरता हूँ।

जब मन में जिजीविषा तन में आकर्षण था,
तब मैं पाखण्डी समाज का एक दुश्मन था।

अब समाज के दिशाहीन विस्तृत जंगल में,
बाँके तिरछे मार्ग अकेला ही फिरता हूँ।

जग के व्यापारों से मन हटता जाता है,
जगती के प्रति मोह जाल छटता जाता है,
मरने से तो जग के सब प्राणी डरते हैं,
जीवन से मैं एक अकेला ही डरता हूँ।

●

सरिता तीरे

सरिता तीरे,
धीरे-धीरे
हम दोनों का वह सांध्य अटन,
उस ओर क्षितिज के पार-
पीत रवि की हौले-हौले फिसलन।
क्या याद आ रहा है प्रेयसि?

आतुर उर की उर से जकड़न
पुलकायमान मन,
पुलकित तन,
सिहरन-सिहरन,
गतिमान पवन,
सन सनन-सनन,
तन की सुगन्ध, चन्दन-चन्दन,
क्या याद आ रहा है प्रेयसि?

उस ओर तुम्हारी वय: सन्धि,
इस ओर प्रिये मम वय किशोर,

निर्जन प्रान्तर एकान्त शान्त,
रति क्लान्त मयूरी, मत्त मोर,
फिर नभ में फिरते सजल मेघ,
धीमी-धीमी पड़ती फुहार,
भीगे मौसम से उत्प्रेरित,
कामेच्छा का उठ रहा ज्वार।

कब आयु बढ़ गई इसी भाँति,
अब मन विकीर्ण,
तन क्षीण-क्षीण
वार्धक्य बोध,
और तुम ओझल,
सरिता तीरे,
धीरे-धीरे।

●

मन्थर-मन्थर

मन्थर-मन्थर, सलिला निर्मल,
तट तरुवर पर कूजित कोयल,
निशिपति की नवआभा उज्जवल,
उठती गिरती लहरें चंचल।
तन ताम्रकान्त, मन मन्मथ का,
श्लथ चरण किन्तु उत्साह प्रबल,
कुछ काम नहीं हय का रथ का।

भटकी भटकी बहती बयार,
हल्की हल्की गिरती फुहार,
टपटप जल बिन्दु टपक तरुवर,
दृग गोचर तुम अध खुले द्वार,
वक्षस्थल पर वह मचल मचल,
उठता गिरता चंचल अंचल,
अलमस्त पवन के झोंकों से,
लहराते, घुँघराले कुन्तल,
लहराती अलकों बिच पल छिन,
विद्युत सा कौंध रहा आनन।

मेरा पागल मन रुक न सका,
मैं पैठ गया तेरे आँगन,
अधमुँदें नयन अधखुले अधर,
अधखुले वक्ष निशि प्रथम प्रहर,
फिर प्रणय निवेदन के मृदुस्वर,
बीते सपने-
रीते सपने-
कल्पना चकित,
कामना चकित,
बीते वर्षों की बार-बार,
ये स्मृतियाँ छलती रहती हैं।
मन्थर-मन्थर
सलिला निर्मल।

नीर

गहन गम्भीर सागर के,
लवणयुत नीर सागर के,
किरण के हाथ से दिनकर,
तुझे निज अंक में भर कर,
प्रदूषण मुक्त कर तुझको,
धरा पर भेज देता है।

सुधा सम पान कर तुझको
धरा परितृप्त होती है।
तुझे दो कूल की बाँहों में,
सरिता खींच लेती है।
तटों के बन्ध खण्डित कर,
धरा को सींच देती है।
कि तेरे वक्ष पर नौका,
विहरती है, विचरती है।
अनवरत सरित से रति को,
विकल दो कूल रहते हैं।
प्रबलतम वेग से तू किन्तु

बहती ही चली जाती है।
कल का वचन देकर कूल से
अभिसार करती है कि
सागर की दिशा में तू
सतत् तल्लीन तन्मय हो,
मिलन हित प्रिय पयोधर से।

उदधि से भी बिछुड़ कर नीर
फिर से परिभ्रमण ब्रम्हाण्ड का कर
प्राणियों को तृप्ति देकर
फिर उदधि में लीन होता है।
इसी विधि चक्रजीवन-मरण से
अभिशप्त हो सन्तान मनु की-
जन्म लेती, लीन होती,
जन्म लेती, लीन होती।

●

कैसे दिन-कैसी रातें

मेरी कुटिया में कैसे दिन कैसी रातें आती हैं।
जब सूरज दिन में किरण दान करता है,
और धरा गगन का अन्धकार हरता है,
फूलों के आँसू पोंछ हँसा देता है,
कलियों से कर दो बात खिला देता है,
तब भीतर भीगी बरसातें आती हैं।
जब उषा कुसुम्बी आँचल फैलाती है,
स्वागत गाती अभिनव प्रभात लाती है,
जब रवि इठलाता प्राची पर आता है,
तब वह घूँघट कर लेती छिप जाती है।
ऐसे में अपनी पीड़ाओं से बोझिल,
घायल मन पर कितनी घातें आती हैं।
जब आती है मावस की रात अँधेरी,
कुछ पागल सा गा लेता रो लेता हूँ,
कुछ लिख लेता कुछ तारे गिन लेता हूँ,
फिर भी न समझ पाता है हृदय हठीला,
जब याद तुम्हारी वे बातें आती हैं।
तारे गिनते राका निशि भी आती है,

धोया-धोया सा चाँद निकल आता है,
खोया-खोया सा मैं देखा करता हूँ,
रोया-रोया सा मन मुरझा जाता है,
जब बाहर मीठी नींदों में जग सोता,
तब भीतर ग़म की बारातें आती हैं।
मेरी कुटिया में कैसे दिन कैसी रातें आती हैं।

●

धरित्री

धरित्री मौन क्यों है?

तुझी पर यह महासागर

कि जिसकी बिन नपी गहराइयाँ,

हैं साक्षी गम्भीरता की

कि तेरे उदर में रक्षित,

विपुल सम्पत्ति,

जो आगार केवल सीप घोंघों का नहीं है,

बल्कि चौदह रत्न का है जन्मदाता।

तुझी पर यह हिमालय जोकि

अपने हिम शिखर

हर-हर शिखर से

व्योम को देता चुनौती-

कि जो तप साधना की भूमि शंकर की,

कि जिससे पाप ताप नाशायिनी,

गंगा पवित्रा अमिय सी सरिता बही है।

तुझी को चाँद सूरज

देखते हैं अनवरत्

इस छोर से उस छोर,
तेरी अर्चना में,
दीप दो-दो प्रज्जवलित हैं,
एक दिन में एक निशि में,
एक जलता एक बुझता,
और खिलते तारकों की,
कुन्द कलिकाएँ,
सजातीं नित्य तेरी सेज,
शीतल पवन तुझ पर,
सत्य निष्ठा पूर्वक,
पंखा झला करती।

तुझी पर जन्म लेते हैं,
तपस्वी धनुर्धारी राम,
वृन्दावन बिहारी कृष्ण,
ईसा, बुद्ध, गाँधी,
और तुझ पर रचे जाते हैं,
पुराण, कुरान, गीता, बाइबल से ग्रन्थ,
तुलसी का वृहद् मानस,
कि जिनके मार्गदर्शन से,
जगत कल्याण पाता है।

तुझी पर देश भारत सा बसा है,
कि जिसके भाग्य पर,

वैकुण्ठ भी ईर्ष्यालु होता है।
कि जो संसार का शिक्षक रहा है,
गुरू रहा है,
तदपि इतनी सबल और सम्पन्न
होकर भी,
धरित्री मौन क्यों हैं?

अरे गायक,
न कर उपहास,
मुझसे पूछता है,
मौन का कारण।
टटोला है कभी अपना स्वयं उर?
कि दिखते हैं नहीं,
मनु के सुतों के दानवी दुष्कृत्य,
मानव है बुभूक्षित,
मानवों के मान का धन का
स्वजन के रक्त का।
मैं चुपचाप धरकर मौन,
मन में सोचती हूँ,
मानवों को जन्म देकर,
सत्य
मैंने भूल की है।

नीलाम्बर

शून्य, नीलाभ, नीलाम्बर,
तेरे उदर में लाखों सितारे,
चाँद, सूरज-
कर रहे मनुहार-
मायावी प्रकृति की,
स्निग्ध शीतल चाँदनी से,
तप्त झिलमिल धूप से आलोक से।

पर अब,
शून्य, तेरी शून्यता,
रहने न पायेगी,
मनुज के पुत्र में,
विश्वास जागा है,
प्रबल सामर्थ्य जागा है।
तरल सौहार्द्र जागा है
सरल सौजन्य जागा है कि,
तेरे सूर्य की हर-हर किरण,

बन्दी बनेगी,
और सेवारत रहेगी,
मनुज के हर एक इंगित पर,
रचेगी रास,
फुदकेगी, नचेगी

कि तेरा चाँद अब,
शिशु का खिलौना,
रह न पायेगा,
कि चढ़कर चाँद की छाती पे,
युग ने लात मारी है।
उस पर बसेंगे घर,
बनेंगे द्वार, सड़कें
और चलेगी ट्राम, बस, रेलें,
बनेंगे कारखाने और,
उस पर भी कभी होगा महाभारत,
सितारों पर नियंत्रण भी,
मनुज का ही रहेगा,
और संचालित रहेंगे,
तार से बेतार के,
इस ओर से उस ओर भागेंगे,
कि इनसे कार्य अब लेंगे सवारी का।

गगन,

तुझको रहा अभिमान अब तक,

किन्तु मानव में जगा है गर्व,

अपनी बुद्धि का, सामर्थ्य का,

लेने चला है थाह,

तेरी बिन नपी ऊँचाईयों की,

अब सँभल जा,

सबल मानव के सुदृढ़,

संकल्प के आगे,

तुझे झुकना पड़ेगा।

पवन

पवन!

तुमको नमन शत बार,

तुममें जीवनी संजीवनी जो शक्ति है,

उसका न कोई पा सकेगा पार,

यह संसार लोहा मानता है।

आज-

इस पावन धरा पर,

साँस जो भी ले रहा है-

वह तुम्हारा चिर ऋणी है।

आज मेरे देश की हर बुद्धि कुंठित,

रुद्ध है हर कण्ठ,

सबका रक्त मूर्छित,

पवन

मेरे देश की,

देश के हर नवयुवक के रक्त की,

मूर्छा जगा दो,

बुद्धि की कुण्ठा हटा दो,

कण्ठ का अवरोध हर लो,

प्राण चेतन हो उठेंगे-
एक झोंके में जगत झकझोर कर दो।
फूँक दो वह नाद
रण की बज उठे इस ओर भेरी,
और कान्हा की भुवन मन मोहिनी,
मुरली बजे उस ओर,
राधा नाचकर रससिक्त जग कर दे।
जगत फिर देख ले,
कैसा समन्वय,
जंग का और रंग का है,
देश भारत में।

●

अनल

अनल-

चंचल जलन की देह,

तुझमें क्या कभी उपजा-

किसी का नेह?

किया जिसका कभी भी स्पर्श,

तूने-

जल गया वह।

भस्म बनकर धूलि कण में लुप्त,

निज अस्तित्व

खोकर मिट गया।

अनल-

तूने जलाये शव,

जलाये घर,

जलाई नारियाँ जीवित!

जलाये खेत और खलिहान, जंगल।

भूल से

लोहा कहीं यदि,

आ गया संसर्ग में तेरे-
उसे भी लाल करके भर दिया,
प्रज्ज्वलन का गुण,
और-
वह भी प्राणियों को दग्ध करने की,
घिनौनी धृष्टता करने लगा।

अनल ने,
धूम्र का निस्सरण कर
संवेदना के भाव गर्भित,
मृदु स्वरों में, डूब कर-
उत्तर दिया-
मनुज!
मैं अनवरत नित्य,
अपनी अग्नि से सामर्थ्य से,
स्वयं अपना तन जलाकर,
जगत की,
निस्वार्थ सेवा में,
सतत् संलग्न हूँ।
तुम हवन करके,
बहुत गर्वान्वित हो,

जो कभी मेरे बिना,
सम्भव नहीं।

घरों का, नारियों का जलाना तो
मनुज का अपराध है,
मेरा नहीं।
शव जलाना छोड़ दूँ तो,
गन्ध उसकी सड़न की,
तुम सह न पाओगे,
कल्पना कर लो कि जो,
परिपक्व भोजन,
ग्रहण करते हो, कि उसमें,
पचन के और स्वाद के, आरोग्य के,
गुण कौन भरता है?
अग्नि से ही प्राणियों के,
तन,
सतत् गतिमान हैं।
शिशिर में,
ऊष्ण शैया के बिना,
ग्रामीण जन,
मेरे सहारे,

काट देते हैं, ठिठुरती रात!
अग्नि के गुण,
जानने पर,
मानवों में,
अग्नि पूजित
हो गई।

●

अनगढ़

माँझी अनगढ़ हो तो साथी दोष न देना नाव को,
पुरवासी दीवाने हों तो दोष न देना गाँव को।

उपवन में काँटे उगवाए गलियों में पत्थर बिखराये,
पंछी के डैने फट जायें, और पथिक घायल हो जाये,
नीम हकीम मिले तो साथी, दोष न देना घाव को।

बेमौसम पतझड़ आ जाये, घना पेड़ नंगा हो जाये,
ऐसे में सूरज की किरणें, अवसर पाते ही घुस जाऐं,
पेड़ तले भी धूप लगे तो, दोष न देना छाँव को।

ककरीली लम्बी राहों में, तलुवो में छाले पड़ जायें,
काँटे भी न मिले रस्ते में और फफोले फूट न पायें,
ऐसे में यदि लँगड़ाये तो दोष न देना पाँव को।

जीवन एक खेल चौसर का, एक घड़ी या एक पहर का,
हार जीत दोनों सम्भव है, यह सौदा केवल पल भर का,
पाँसा यदि उल्टा पड़ जाये, दोष न देना दाँव को।

मैं तो साथ साथ जाता था, पकड़े हुए हाथ जाता था,

बीच राह में हाथ झटक कर, भृकुटि चढ़ा कर नज़र चुराई,

पलट जाऊँ तो दोष न देना अनचाहे अलगाव को।

●

चादर

छोटी चादर लम्बी काया,
कितने पैर सिकोड़ूँ अपने?
सीने तलक खींच लाया हूँ,
घुटने कितने मोड़ूँ अपने?

छप्पर टूटा तन अध नंगा,
भोजन में पकवान नहीं कुछ,
केवल सूखी रोटी ही है,
व्यसन कौन से छोड़ूँ अपने।

सपने सभी पराये लगते,
अपने सभी पराये लगते,
कभी-कभी जी यह करता है,
सब से नाते तोड़ूँ अपने।

जीर्ण-शीर्ण वस्त्रों में अपने,
तन की लाज बचाना मुश्किल,

मर्यादा तज नग्न नहाकर,
कैसे वस्त्र निचोड़ूँ अपने?

पोर-पोर टूटा जीवन का,
तलुओं में छाले उभरे हैं।
काँटे भी तो नहीं राह में,
छाले कैसे फोड़ूँ अपने?
छोटी चादर लम्बी काया,
कितने पैर सिकोड़ूँ अपने?

●

विधवा

दिन पर दिन बीत गये तब से,
इन होंठों पर मुस्कान नहीं,
ये आँखें सूख नहीं पाईं,
इस चितवन में आव्हान नहीं।
यह कौन साधना में रत है?
किस मौन कामना में रत है?
पल-पल शंका से घिरी हुई,
भयभीत भावना में रत है।
यह शुभ्रवर्ण उन्नत उरोज़,
मुखड़ा सुन्दर, माँसल बाँहें,
अक्षत यौवन से भरी-भरी,
फिर क्यों प्रसृत ठण्डी आहें।

समझा! सिन्दूर पुँछ गया है,
समझा! सौभाग्य लुट गया है,
समझा तेरा यौवन अमूल्य,
माटी के मोल बिक गया है।
मरमर कर जीने की ख़ातिर,

जी-जी कर मरने की ख़ातिर,
वह क्रेता छोड़ गया तुम को,
विक्रेता छोड़ गया तुझको।
जी तो लेती है विवश किन्तु,
जीने का कुछ सामान नहीं,
दिन पर दिन बीत गये तब से
इन होंठों पर मुस्कान नहीं।

●

एक बूँद

थी एक बूँद-
सागर के तल में पड़ी हुई-
मानो लज्जा से गड़ी हुई।
अपनी किस्मत पर रोती थी।
जीती थी-
इसलिये कि मरने का कोई,
साधन उसको उपलब्ध न था,
वह आत्मघात कैसे करती।

उसकी ही तो कुछ बहिनें हैं,
जो ओस बिन्दु बन-
फूलों पर, पंखुड़ियों पर,
मोती की उपमा पाती हैं।
उसकी ही तो कुछ बहिनें हैं,
जो स्वाति बूँद कहलाती हैं,
चातक की प्यास बुझाती हैं।
उसकी ही तो कुछ बहिनें हैं।
जो कलकल करते झरनों में,

पत्थर का सीना रौंध-रौंध,

मिट्टी की छाती छील-छील,

उन्मत्त उछलती चलती हैं।

वह दृश्य देख कवि के उर में

कविता के भाव उमड़ते हैं-

वे बूँदें कभी थका पन्थी,

पी लेता प्यास बुझाता है,

पंछी भी पंख पखार नित्य,

उनसे नव जीवन पाता है।

उसकी ही तो कुछ बहिनें हैं,

जो निकल आँख की राह,

हृदय की बात प्रकट कर जाती हैं।

जब बोझिल होता हृदय,

भार हलका वे ही कर पाती हैं।

उसकी ही तो कुछ बहिनें हैं,

जो कुछ यन्त्रों के बीच-

घूम कर बोतल में आ जाती हैं,

फिर ढल जाती हैं प्यालों में,

होंठों के बीच समाती हैं।

फिर-

उसने ऐसा कौन पाप था किया,

कि उसको कठिन दण्ड,

विधि ने देकर लाकर पटका,
सागर के तल में?
जग उठा द्रोह
जग उठी क्रान्ति-
वह उस कारा को तोड़ फोड़,
आ गई सतह पर सागर की
थी बाट जोहती गागर की।
कोई बाला अपनी कटि पर,
एक छोटी सी गागर लेकर,
यदि आ जाती जल भरने को-
वह उछल कूद कर घुस जाती,
सब से पहले उस गागर में।
दुर्भाग्य किन्तु-
खारी जल को
भरने भी कोई नहीं आता।

पर दैव योग-
सुन्दरी एक तट पर बैठी कुछ सोच रही
चल रही पवन,
उड़ कर एक पल्ला साड़ी का-
उस खारी जल में डूब गया।
वह बूँद झपट कर

साड़ी के पल्ले से आकर लिपट गई
मानों कारा से मुक्त हुई।
कुछ दूर गई युवती देखा,
साड़ी का पल्ला भीगा था-
बस उसने उसे निचोड़ दिया
सूखी सी प्यासी धरती पर
उड़ गई बूँद, चढ़ गई बूँद,
रविकर की डोरी से नभ तक।
बादल को नीचे झुका दिया,
फिर बरस पड़ी साहस बटोर-
सागर की शोषित बहिनों सँग
धरती के कोने-कोने पर।

●

अभिशाप

उत्तुंग, श्वेत, उन्नत, विशाल
महलों की दूषित छाया में,
वह हतप्रभ, श्रीहत मर्माहत-
पर पूर्ण यौवना, रूपसि, मुग्धा
पल-पल विकसित यौवन ले,
थी चली जा रही।
मन्थर गति,
बाहें ऊँची,
पलकें नीची,
निज रक्त माँस से प्रतिपालित,
एक जीवित शव, शिशु से-
लज्जा थी एक ओर तो ढकी हुई-
दूसरी ओर अतियत्न पूर्ण,
ढकते-ढकते भी ढक न सकी,
झाँकता रहा यौवन चंचल,
जर्जर अंचलअति जीर्ण शीर्ण,
अतिशय मलीन।
अति करूण, किन्तु मीठे स्वर में,

मादक स्वर में वह बोल रही-
" बालक भूखा है, माई बाप! "
सेठ जी एक-
थे धर्म भीरू,
आचार निष्ठ,
अतिशय व्याकुल हो निकल पड़े-
कम्पित कर से,
विस्मित कर पर,
रख दिये, चमकते नोट चन्द-
फिर-
मौन निमन्त्रण की मुद्रा में,
आँखों से कुछ कह डाला।
तिलमिला उठी,
तरूणी बेबस,
मुद्रा फेंकी,
मुँह पर थूका,
चल पड़ी सकुचती, भय खाती,
यह यौवन भी अभिशाप
और-
यह जीवन भी अभिशाप।

होली

मानव जन के बीच विषमता,
मिटा सकेगी तो होली है।

मानव ही के स्वेद बिन्दु पर,
मानव की सजती थाली है।
मानव ही के रक्त बिन्दु पर,
मानव की सजती डाली है।
मानव का शोषण कर कर के,
मानव ने केशर घोली है।

स्नेह किसी का छीन किसी के
घर में दीप जला करता है।
प्यार किसी का छीन किसी के,
उर में प्यार पला करता है।
सोना चाँदी फेंक किसी की,
इज़्ज़त पर लगती बोली है।

भूख प्यास से जर्जर यह तन,
और रक्त से भीगा दामन,
इस पर और न चढ़ पायेगा,
होली का यह बासन्ती रंग,
यह तो रंग पुराना है,
यह होली तो बासी होली है।

●

गाँव की याद

शहर के जंगल में जब-जब गाँव की आती है याद,
सघन बरगद की घनेरी छाँव की आती है याद।

अफ़सरों की पत्नियों की नौकरों पर सुन के डाँट,
रुक्मिणी भाभी के करूणा भाव की आती है याद।

आम चुनने पेड़ पर चढ़ कर फिसल कर गिर पड़े,
ठूँठ से फिर जाँघ में एक घाव की आती है याद।

लाल मिट्टी के अखाड़े में कभी तोलू और मैं,
टाँग उलझा कर पटकते दाँव की आती है याद।

यूँ तो मोटर बोट चलती है बड़े तालाब में,
नदी तल पर काठ की एक नाव की आती है याद।

मकई खाने खेत पर दो कोस जाते पैर-पैर,
लौट कर फिर शाम दुखते पाँव की आती है याद।

शहर की जब चंचला दिखती है आँख तरेरते,
सुघड़ सुल्लो संग मन बहलाव की आती है याद।

शहर के जाड़े में कम पड़ता है ओवर कोट जब,
मवेशी की सार और अलाव की आती है याद।

●

गीत का आधार

गीत का आधार मेरा-
जो कि युग-युग से प्रताड़ित
शप्त पीड़ित-
किन्तु फिर भी धैर्य का आधार लेकर,
कर्म की कटु भूमि पर,
तन की थकन को जीत कर,
मन की लगन पर झूल कर,
दो हाथ में,
हनुमान का, हरकुलिस का,
या भीम का बल साध कर,
घर की ग़रीबी का अँधेरा,
दूर करने की प्रतिज्ञा से-
परिश्रम का नया दीपक सँजोकर,
कामना निर्लिप्त हो,
निर्भय खड़ा है।
वह श्रमिक है,
गीत का आधार मेरा।

जो कि अपनी मांग का
सिन्दूर पोंछे,
प्रलय की गति से ढलकते,
आँसुओं को
धैर्य के कोपीन से,
अनथक सुखाती जा रही है
और डर से उठ रही,
उस भाव संकुल आग को-
निज त्याग के जल से सदा
शीतल बनाने के लिए कटिबद्ध है।
स्वजन के कटु बोल सहती,
और जग के पाश्विक मन की
प्रवृत्ति से युद्ध करती,
ज़हर के इस भव महासागर कि,
जिसके मध्य से,
तट और इतना शेष-
जिसका पार करना,
बहुत दुस्तर-बहुत दूभर।
किन्तु फिर भी-
कुछ उलझती, कुछ सुलझती,
डूबती फिर कुछ सम्भलती,

मर्म में युग धर्म साधे,
सच विधवा-
गीत का आधार मेरा।

पौ फटे से साँझ होने तक,
बिना विश्राम जो
आग सी जलती लपट में,
जेठ की बैसाख की
तपती दुपहरी में,
पकड़ कर मूठ हल की,
जोत कर तैयार कर लेता,
समय के पूर्व अपने खेत,
जिनमें फेंक देता बेधड़क,
गाढ़ी कमाई बीज
जिन पर सींचता यौवन,
पसीने में बहा कर,
और उसका फल-फसल
तैयार होने पर-
न उसके बाल-बच्चों का
तनिक अधिकार उस पर,
वह फसल तो जायेगी,

उसको कि-
जिसने ब्याज की पूँजी लगाई है।
वह समय की मार का मारा,
बहुत सीधा - बहुत भोला,
कृषक है -
गीत का आधार मेरा।

●

बापू

बापू!
एक बार फिर जन्मों,
फिर अपने बन्दों से-
अपने यश की पूँजी का हिसाब लो।
नाम तुम्हारा ले लेकर,
कितने नेता नाकाम पल रहे,
बापू की तस्वीर द्वार पर,
घर में घी के दिये जल रहे।
खादी के बगुलों से चमचम,
गद्दों पर लेटे ही लेटे,
भारत माता के ये बेटे,
बलिदानों के गीत गा रहे।
नई कार पर चढ़े-चढ़े ही-
बेकारों से बात कर रहे।
ठहरो साथी नये बजट में-
नये कारखाने खोलेंगे,
बेकारों को काम मिलेगा,

बच्चों को आराम मिलेगा,
तुम अपना कुछ भी मत देना,
केवल अपना मत दे देना,
पाँच वर्ष में फिर आयेंगे,
अच्छा कक्का जी रामराम,
अच्छा मँझली काकी प्रणाम।
इन नाटक करने वालों से,
इनके अपराधों का जवाब लो-
फिर अपने बन्दों से अपने,
यश की पूँजी का हिसाब लो।
तुम तो अपनी बलि देकर,
आज़ादी हम को दानकर गये,
पर दीवाने अपने मद में,
इसे सुरा सी पानकर गये।
रीता घट बच गया,
नई पीढ़ी पर बोझ लदा कर्ज़ का,
कैसे चले मशीन तेल -
सूखा है इसके कल पुर्ज़े का।
तुमने सत्य अहिंसा संयम,
तप का हमको पाठ पढ़ाया,
लाखों झूठे शिष्य बने पर,

कोई भी तो सीख न पाया।
इसीलिये अपने हाथों में
फिर से गीता की किताब लो-
फिर अपने बन्दों से अपने
यश की पूँजी का हिसाब लो।

●

मर गये अच्छा हुआ

मर गये अच्छा हुआ-
चार दिन यदि और जीते तो,
यहाँ पर फिट न होते।
देश यह ऐसा न था,
जो अब तुम्हें सम्मान देता।
सत्य है,
परतन्त्रता की बेड़ियों को,
काटना सब चाहते थे,
किन्तु आज़ादी मिली तो,
सत्य के भी मूल्य बदले
और-
नैतिकता बिचारी रो रही है,
और-
जिनके हाथ में, इस देश की,
पतवार तुम देकर गये हो,
वे उषा के झाँकते ही,
नित्य नूतन रंग में टोपी रंगाते हैं,

नया चोला पहनते हैं,

कि जिनकी वफ़ादारी की,

दुहाई दे रहे थे कल,

उन्हीं की पीठ पे खंजर चुभाते हैं।

देश का सम्मान बढ़ता,

देश कुछ सम्पन्न होता।

काश ये गिरावट न होते।

चार दिन यदि और जीते,

सत्य बोलो, स्वर्ग के बापू!

तुम्हारी आत्मा क्या तुष्ट है?

बिना छत की और बिन दीवार की,

इन व्यस्त राहों पर खड़े,

ओ मूर्ति के गाँधी,

ये मोटरों की,

गाड़ियों की,

सेण्डलों की,

चप्पलों की,

धूल कैसी लग रही है?

और चिड़ियें बीट कर जाती तुम्हारी चाँद पर,

यह तुम्हारी सरलता,

और सादगी ही-

सीख जाते तो-
हमारे देश पर कर्ज़ा न होता,
बजट डेफीशिट न होते,
चार दिन यदि और जीते।

●

जनता प्यासी

घर-घर मातम शोक उदासी,
मेरे देश की जनता प्यासी।
जिनको कहते हैं नर नारी,
गाजर मूली से कटते हैं,
घर-घर आग लगाई जाती,
द्वारा-द्वार पर बम फटते हैं।
नयन-नयन पानी बहता है,
चेहरे चेहरे भरी उदासी-
मेरे देश की जनता प्यासी।

होठों पर उगतीं फ़रियादें,
पेशानी पर पीड़ा उगती,
ज़ोर-ज़ोर से बोल रही है,
चिड़ियाँ माल पराया चुगती।
अन्दर से ज़हरीले बिच्छू,
बाहर से दिखते सन्यासी,
मेरे देश की जनता प्यासी।

बहरा शासन जनता गूँगी।
नंगों को भूखों ने लूटा,
अन्धे पीसें कुत्ते खायें,
घड़ा पाप का अभी न फूटा।
चकलों पर पण्डित मुल्लों की,
भीड़ लग रही, अच्छी खासी,
मेरे देश की जनता प्यासी।

झूठी अभिलाषा मत करना,
नेकी नहीं बदी आई है।
नये-नये उत्पीड़न लेकर,
इक्कीसवीं सदी आई है।
गुपचुप खाकर सो जा बेटा,
बुसी दाल और रोटी बासी,
मेरे देश की जनता प्यासी।

●

मेरी प्रथम पुत्री

चित्रकार के लिखे चित्र सी,
किसी सुकवि की कविता सी,
प्राची के निरभ्र कोने से,
झाँक रहे से सविता सी।
मातृ हृदय के सरल स्नेह सी,
कुन्द जुही की कलिका सी,
वर्षा की पहली बूँदों से,
धुली हुई सी लतिका सी।
किसी विटप की झुकी वृन्त पर,
गाती हुई सारिका सी,
अर्ध चन्द्र पर झूल रही सी,
हँसती हुई तारिका सी।
छल विहीन माँ के आँचल की,
छाया में इठलाई सी,
घर-घर के आनन्दोत्सव पर
बजती सी शहनाई सी।

माँ के बचपन के भावों की,
कहती हुई कहानी है,
वर्षों से सोये सपनों की,
यही बालिका रानी है।

•

भिखारी

भिखारी! भीख लोगे?

भीख!

नाम कुछ अच्छा नहीं है,

शब्द कुछ अच्छा नहीं है,

दे सको तो कर्ज़ दे दो,

और दे दो

और दे दो

घर हमारा रहन रख लो,

और लम्बी किस्त कर दो।

दे सके देते रहेंगे,

हम नहीं तो पीढ़ियाँ देती रहेंगी

और फिर भी दे न पाये तो,

रहन है घर हमारा।

जिस तरह से पूर्व में भी,

लूट कर तुम ले गये थे माल सारा।

उस तरह हो जायेगा

फिर घर तुम्हारा।

लूट लेना

एक दो सदियों तलक
हम और कर लेंगे गुलामी।
कर्ज़ दे दो।
और दे दो।
और दे दो।
और दे दो।

मातृमही

मातृमही को रक्त चाहिये,
अमर शहीदों की टोली में,
प्राण लिये अपनी झोली में,
बोले जो ऊँची बोली में,
आओ कूद पड़ें होली में,
इतनी तन्मयता से माँ की,
पूजा में अनुरक्त चाहिए।

गाल बजाने वाले अपने,
नाम शहीदों में लिखवा लें,
भाषण उद्घाटन, विज्ञापन,
कर लें, फोटो भी छपवालें,
पर निस्पृह हो शीश चढ़ा दें,
माँ को ऐसा भक्त चाहिये।

माँ के बेटे की नस-नस में,
गर्म उबलता खून चाहिये।
होश न रह जाये तन मन का,

ऐसा एक जुनून चाहिये।
स्वाभिमान पर फड़क उठे जो,
ऐसी भुजा सशक्त चाहिये।

अस्त्र-शस्त्र ज्वाला बन जाओ,
बरछी और भाला बन जाओ,
माँ की मर्यादा की खातिर,
मुंडों की माला बन जाओ।
उनका है अस्तित्व मिटाना।
जिनको देश विभक्त चाहिये।

●

प्रजातन्त्र

भारत प्रजातन्त्र का घर है।

राजा बना भिखारी अपनी झोली भर कर,

वोटर वोट डाल कर फिर से, प्रजा बन गया।

शासक और शासित की फिर से बनी कतारें,

और दोनों के बीच खिंचीं फिर से दीवारें।

किसने कितनी भीख माँग ली

हारजीत इस पर निर्भर है,

भारत प्रजातन्त्र का घर है।

पाँच वर्ष में एक बार,

कपड़े कुछ-कुछ मैले होते हैं।

साढ़े चार बरस तक फिर से,

दिल मैला कपड़े उजले हैं।

जीत गये अब किसका डर है

भारत प्रजातन्त्र का घर है।

वोट मांगने जब आये थे।

तला घिसा उनकी चप्पल का।

अब भाषण देने आये हैं,
मंच बना देखो मखमल का।
तब पैदल चल कर आये थे,
धूल भरी उनके बालों में
अब पुष्पक विमान पर आये,
क्रीम लगी उनके गालों में।
फरफर इंग्लिश बोल रहे हैं
मेरे देश के नये मिनिस्टर,
खादी के कपड़े में लिपटा,
जैसे जापानी ट्रांज़िस्टर।
मखमल के गद्दे पर देखो
बिछी हुई खादी की चादर।
बहुत भेद भीतर बाहर है
भारत प्रजातन्त्र का घर है।

●

मुट्ठी भर हड्डियाँ

मुट्ठी भर हड्डियाँ देश के,
जीवन की मुस्कान बन गईं।
फ़ौलादी पसलियाँ शुद्ध,
संकल्पों की परित्राण बन गईं।

डगमग पग चलने वालों की,
राहों का निर्माण कर गये।
खुली हवाओं में जीने की,
चाहों का निर्माण कर गये।
स्वयं मार्ग चुन लेने को,
चौराहों का निर्माण कर गये।
जिन माँसों की लोथों को,
तुमने देखा इन्सान बन गईं।

सन्तों की काया में थी,
आत्मा मजदूर किसानों की।
वाणी में अविराम प्रेरणा थी,
रणवीर जवानों की।

एक लकुटिया, एक लँगोटी,
यही शस्त्र था यही कवच।
इसके ही बल पर बाज़ी,
मारी थी सब मैदानों की।
कर्म भूमि पर तपो साधना।
राष्ट्र हेतु वरदान बन गई।

तुम आये तो देश जगा,
जग गये देश के सोने वाले।
टूट गई जंजीर हँस उठे,
युगों-युगों से रोने वाले।
किंकर्तव्य विमूढ़ हो गये।
किन्तु तुम्हारे महागमन पर
पाना फिर से चाह रहे हैं,
आज तुम्हें हम खोने वाले।
लौट सको तो देखो ये,
बस्ती कितनी सुनसान बन गई।

●

गदही का छौना

कोमल तन

निर्मल मन

एक गदही का छौना एक दिन,

ग्रीष्म काल की सुबह सुहानी,

पौ फटते ही मस्त झूमता,

चरता-चरता -

निर्झर पट पर जा पहुँचा तो,

उसने देखा, एक जन्तु, जो,

आत्म प्रशंसा करते कभी नहीं थकता है-

और स्वयं को मनु का सुत मानव कहता है।

सभी प्राणियों में अपने को श्रेष्ठ मानता,

धरती और आकाश सभी का भेद जानता।

कौतूहल वश

वह गदही का छौना,

क्षण भर रहा देखता,

ईश्वर की उस अनुपम कृति को।

उसी समय गदही ने देखा,

उसका छौना,
महापतन की ओर जा रहा।
वह तत्क्षण हुंकार उठी,
अपने सुतको ललकार उठी,
ओ पगले, लाल, लाड़ले लौटो,
किसकी संगति में पड़ते हो?
वह मानव है-
झूठ, कपट, छल, सभी जानता,
पर अपने को श्रेष्ठ मानता,
हम अपने टीमों के स्वर में,
झूठ बोलना नहीं जानते,
गाली देना नहीं जानते,
ईर्ष्या हमें नहीं आती है।

लौटो-लौटो,
वह पापी है-
झूठ बोलना सिखला देगा,
गाली देना सिखला देगा,
जलना, कुढ़ना सिखला देगा,
मेरा उसका बहुत समय तक,
साथ रहा है।
जग के कुटिल कुकर्मों में,
केवल मानव का हाथ रहा है।

उससे बहुत दूर रह बेटे,
तू तो अभी बहुत भोला है-
कोमल तन
निर्मल मन
एक गदही का छौना।

●

चाँद और रोटी

गगन में, मगन हो इठला रहा था-
मदभरा, आलोकधारी,
ज्योति धर, नव नव कलाधर,
चाँद पूनम का।
धरा पर,
पात की पातल बिछी थी,
और उसमें, एक रोटी, सद्य निर्मित,
दे रही थी गन्ध सौंधी सी।
गगन के देवता को,
इस धरा की तुच्छ रोटी का,
न भाया रूप,
उसने गर्जना की-
पामरी!!!
मुट्ठी भर कनूकों से बनी,
निर्लज्ज रोटी-तू
गगन के देवता के रूप का
प्रतिरूप धरती है?
तुझे लज्जा नहीं आई?

देख!

जग के प्यार के प्यासे नवल जोड़े,

सभी मेरी सुरभियुत,

नव नशीली, चाँदनी में,

प्यार की सौगन्ध खाते हैं।

मैं ही मात्र उनका साक्षी रहता,

छिपाता है न मुझसे कोई उर का भाव,

सब के मर्म तक की जानता हूँ।

विरह की मार खाई नायिका,

बेचैन होकर,

विकल, भावाकुल, प्रताड़ित तप्त पीड़ित,

दो घड़ी मेरी सुशीतल चाँदनी में,

बैठ पाती है।

तभी उसके विरह के घाव भरते हैं,

जलन के अश्रु झरते हैं,

तपन कुछ दूर होती है।

चकोरी रात भर,

मुझको निरख,

शीतल बनी रहती,

चुभन उर की,

इसी विधि दूर करती है।

कुमुदिनी खिल नहीं पाती,

अगर किरणें न मेरी,

पहुँच पातीं।
सोच ले आलोक मेरा,
प्राण दाता है अनेकों का।

बहुत गम्भीरता से,
नम्रता से,
कह उठी रोटी-
बड़े भइया,
ये तन की प्यास,
मन की प्यास,
सब कुछ उस घड़ी उत्पन्न होती है,
कि जब जन के उदर में,
भूख की ज्वाला नही जलती,
कि जिसको तुम नहीं,
केवल अकेली,
मैं बुझा सकती-
कि नकली भूख के सन्तोष दाता,
भूख असली,
मैं मिटाती हूँ,
कि रोटी की ज़रा सी बात पर
फिर चन्द्रमा घटने लगा,
धब्बे उभर आये।

●

सीमा

माँ सीमा के साथी मुझे पुकार रहे हैं,

सीमा पर झंझा के स्वर झनकार रहे हैं।

माँ सीने पर कवच बाँध दे,

और देदे तलवार पिता की।

माँ माथे पर कफन बाँध दे,

करले आग तैयार चिता की।

बिल्ली, कुत्ते भौंक भौंक ललकार रहे हैं,

सीमा पर झंझा के स्वर झनकार रहे हैं।

माया के वश मेरा मन,

यदि लौटे तो ललकार भगाना।

सौ गोली से छिदा हुआ तन,

लौटे तो त्यौहार मनाना।

गीदड़ और लड़ैया भी हुंकार रहे हैं,

सीमा पर झंझा के स्वर झनकार रहे हैं।

चाहे खून उतर आये पर,

आँखों में पानी मत लाना,

जाते समय हृदय की कोमल,
ममता अज्ञानी मत लाना।
तेरी रक्षा हित प्राणों को वार रहे हैं,
सीमा पर झंझा के स्वर झनकार रहे हैं।

●

मेरा देश

मेरा देश जवानों का है,
मेरा देश किसानों का है।
जब तक आग वतन में जलती,
तब तक बात अमन की छोड़ो।
ग़म की रात सहन में ढलती,
तब तक बात चमन की छोड़ो।
जब तक वीर पहरुये जागें
तब तक अपनी नींद बिसारो।
जब तक ज्वाला धधक रही है,
तब तक अपना चैन बिसारो।
दानवीर की सन्तानें हम,
हाथ नहीं फैलाना जानें।
स्वावलम्ब पर जीवित रहते,
चरण नहीं सहलाना जानें।
एक पेट के साथ साथ दो
हाथ दिये देने वाले ने।
हर नौका पर दो-दो चप्पू,
साथ लिये खेने वाले ने।

देश भक्ति के दीवानों का,
रण चण्डी के वरदानों का,
देश की ख़ातिर जो मिट जाये
मेरा देश उन इन्सानों का।
मेरा देश जवानों का है,
मेरा देश किसानों का है।

ताजमहल

तुम कहते हो कविता लिख दूँ, ताजमहल पर,

मैं कहता हूँ कविता दूषित नहीं करूँगा।

बेशक कला उभर आई पत्थर-पत्थर में,

जान डाल दी गई चमकते संगमरमर में

कौन जानता इसकी नीवों में क्या-क्या है,

किस किस के बलिदानों पर यह रचा गया है।

बीस हज़ार शरीरों के श्रम की बूँदों को,

सच कहता हूँ मैं अपमानित नहीं करूँगा।

मेरी कलम चली है श्रम के आगे आगे,

न्याय सुरक्षित रहा कलम के आगे-आगे।

उन चालीस हज़ार हाथों ने इसे बनाया,

ताजमहल मत कहो मुझे ये नाम न भाया।

श्रम का महल श्रमिक को मेरी कला समर्पित,

मैं कविता से ताज विभूषित नहीं करूँगा।

एक मृतक पर प्यार जताने भर की ख़ातिर,

लिप्सा का संसार बसाने भर की ख़ातिर,

जनता का पैसा जनता से छीन-छीनकर,

खर्च कर दिया यादगार पर बीन-बीन कर।
वृहदाकार पाप पर बोलो क्या लिक्खूँ क्या गाऊँ।
इसे न्याय का शिल्प निरूपित नहीं करूँगा।
मैं कहता हूँ कविता दूषित नहीं करूँगा।

मुखछवि

मुखछवि अवगुण्ठन विहीन लख,
चपल काल गति मन्द हो गई।
आँगन-आँगन खिली चन्द्रिका,
नव मधुऋतु स्वच्छन्द हो गई।
अन्तस की उठती सौरभ से,
साँस-साँस मकरन्द हो गई।
तार-तार बज उठे हृदय के,
धड़कन-धड़कन छन्द हो गई।
मन पाँखी फँस गया जाल में,
चितवन चितवन फन्द हो गई।
पौर-पौर वक्षस्थल नख शिख,
चन्दन-चन्दन गन्ध हो गई।
जगी-जगी सी बाहुपाश में,
ठगी-ठगी सी बन्द हो गई।
प्रेम पगी सी थकी-थकी सी,
सराबोर आनन्द हो गई।

●

हिन्दी

चिन्धी-चिन्धी फाड़ के रख दी,
हिन्दी तेरे कपूतों ने,
कितने लांछन तुझे लगाये,
फिरंगियों के दूतों ने।
जटिल क्लिष्ट अस्वाभाविक कह,
अपमानित करते रहते,
सच कहता हूँ, ऊब गया हूँ,
यह सब कुछ सहते सहते।

अंग्रेजी की शब्दावलि जब,
रटते-रटते सोते थे-
शालाओं में तब केवल बस,
इसी नाम पर रोते थे,
आज मातृभाषा से भी यह,
सरल हो गई अंग्रेजी,
कितने मिथ्या भाषी हैं ये
नई सभ्यता के ढोंगी।

मेरी माँ कंगाल नहीं हैं,
तुम्हें चुनौती देता हूँ।
मन में तुम विश्वास करो मैं,
हीरे मोती देता हूँ।
पागल हैं जो ये कहते हैं,
पहले इसे संवारों तुम,
मैं कहता हूँ शुद्ध हृदय से,
पहले इसे निहारो तुम।

कितनी सबल और कितनी,
सम्पन्न हमारी हिन्दी है।
संस्कृतियों के श्रृंगारों में,
यह माथे की बिन्दी है।
इस पर श्रृद्धा करो इसे,
अपनाओं इसका मान करो,
फिर देखो कितना अमृत है,
जितना चाहो पान करो।
भावनात्मक एक्य राष्ट्र का,
केवल इस पर निर्भर है,
इससे बुद्धि पवित्र करो
यह पवित्रता का निर्झर है।
इसे प्रतिष्ठित कर न सके हम,

इतना सब कुछ पाकर भी,
विषपायी विष पीते हैं,
अमृत सागर पर जा कर भी।
घर की लुटिया आज डुबो दी,
हिन्दी तेरे कपूतों ने।

●

होली

फिर उड़े हैं रंग अबीर गुलाल होली आ गई है,
हो गये हैं गाल सबके लाल होली आ गई है।

फाग का अनुराग मय मौसम मगर ये लोग कैसे?
प्यार से क्यों हो गये कंगाल होली आ गई है।

रंग बहना चाहिये पर रक्त बहता है धरा पर,
आदमी है आदमी का काल होली आ गई है।

भूख से, भय से, समय से, काल से कब तक लड़ेगा,
मनुज में है मनुज का कंकाल होली आ गई है।

विकलता पीड़ा, विफलता, टीस ढलते चार आँसू,
और अन्तर में गहन भूचाल होली आ गई है।

माल की, पकवान की मिष्ठान की क्या बात कीजे,
हैं नहीं उपलब्ध रोटी दाल होली आ गई है।

देख ली हो आपने कश्मीर की यदि नाश लीला,
प्यार से आ जाइये भोपाल होली आ गई है।

●

चीथड़े

क्या कहा?

मेरा बदन चीथड़ों के पीछे से झाँक रहा है।

मुझे लज्जा नहीं आती ?

हाँ-

मुझे लज्जा नहीं आती।

मेरा बदन चीथड़ों के पीछे से,

झाँक रहा है!

झाँकता रहे।

मुझे इस बात का सन्तोष है

कि-

मेरे हिस्से के चीथड़ों से,

तुम्हारी लज्जा तो ढकी हुई है।

दो बेटे और माँ

वे अन्न हीन - वे वस्त्रहीन-
दो माँस पिण्ड छोटे बालक।
मन्थर गति से
जा रहे चले
सूने पथ पर-
थे क्षीण हाथ, पचकी जाँघें,
बढ़ रहे पेट सूखी टाँगें।
काले-काले।
मैले-मैले।
वे अन्नहीन - वे वस्त्रहीन।

जा रही साथ,
उँगली थामे।
उर में भर माँ का अचल प्यार।
चूना, कंकड़, मिट्टी, पत्थर,
डलिया भर-भर ढोये दिन भर।
धँस गई आँख तन हुआ क्षीण।
थी तरूणी पर यौवन विहीन-

ढीली-ढीली पोली-पोली,
वह कान्तिहीन,
वह रक्तहीन।
वे अन्नहीन - वे वस्त्रहीन।

सूखा

ये कैसा वर्षा का मौसम ?
बूँद-बूँद को तरस रहे हम,
लगता है इस पर भी मिथ्या,
राजनीति का रंग चढ़ गया।
झूठे आश्वासन दे देकर,
आसमान की ओर बढ़ गया।
जिनने वोट दिये थे तुमको,
उन सबकी आँखें है पुरनम।
ये कैसा वर्षा का मौसम?

आशा की थोड़ी सी पूँजी,
उसका अवमूल्यन होता है।
कैसे जियें जिलायें सब को,
मिट जाने का मन होता है।
पानी मंहगा होता जाता,
सस्ता हुआ आदमी का श्रम।
ये कैसा वर्षा का मौसम?

उठती हुई घटा दिखती है,
पर बरसात नहीं होती है।
बोतल पर बोतल खुलती,
प्यासे की बात नहीं होती है।
सूखे खेत नदी नालों का,
इस मौसम में किसको है ग़म।
ये कैसा वर्षा का मौसम?

सागर का शोषण करकर के,
तू मोटा होता जाता है।
पर सत्ता के मद में जग से,
दूर बहुत होता जाता है।
मौसम के अनुकूल बरसकर,
अपनी कुछ चर्बी कर ले कम।
ये कैसा वर्षा का मौसम?

सरिता

उमड़ती और बल खाती,

सहमती और इठलाती,

कहाँ जाकर रुकोगी,

नीर-निर्मित नारि?

कल का वचन दे कर,

कूल से अभिसार कर,

कितनी निठुर कितनी चतुर,

कितनी मधुर, कितनी मुखर,

कल कल सजल बाला,

सघन सावन सुहावन में,

अमिट विश्वास का आधार,

जिसके हृदय की गहराइयों का,

छोर अनजाना

कि जल का सर्वदा भण्डार अक्षय।

किन्तु फिर भी मिलन की लेकर,

न बुझती प्यास, जो बेचैन,

जिसके प्रणय के अंकुर,

उदधि का यह उफनता फेन-

जिसकी गोद में छिपकर,
सिमट कर दान कर पाऊँ,
सलिल यौवन,
इसी विधि बीत जायें,
ये जवानी की मधुर रातें,
सलोने दिन।

मेरी धरती

जेठ बैसाख कड़ी धूप यहाँ तपता हूँ,
और बरसात बड़ी कीच यहाँ खपता हूँ।
फिर कहीं धान की आती है फसल खेतों में,
मेड़ पर जाग-जाग राम नाम जपता हूँ।

मेरा श्रम है मेरी धरती दाना दाना मेरा,
अरे लुटेरे इस धरती पर नहीं इजारा तेरा।
बीत गये वे दिन जब मैंने जोता तुमने खाया,
बहुत मूँछ पर ताव दिये और मुझ पर रौब जमाया।
कहीं दूसरा बुद्धू देखो हमको मत सिखलाओ,
इस तिल्ली में तेल नहीं है, घोड़ी जरा बढ़ाओ।
मनुआ बेटा बाबूजी को ठण्डा जल पिलवाओ,
और जरा आदर से इनको सीमा तक पहुँचाओ।

अरे खड़ी हो चुप चुप कब से तुम खेतों की रानी,
देखो फसलें झूम रही हैं तुम्हें देख मस्तानी।
खून पसीना हमने सींचा हरे खेत लहराये,
इसके मालिक हम तुम दोनों कौन तीसरा आये।

कारवाँ

आँधियाँ उठती रहीं पर कारवाँ चलता रहा।

धूल धरती की उड़ी,

आकाश पर बादल घिरे,

तन हिमालय का गला,

हिम खण्ड गंगा पर तिरे,

प्रबल मारूत वेग में भी दीप एक जलता रहा

आँधियाँ उठती रहीं पर कारवाँ चलता रहा।

मार्ग में पथ भ्रष्ट करने के,

अनेक प्रयास थे।

कारवाँ वालों के दिल में,

किन्तु दृढ़ विश्वास थे।

चलने वालों को किसी का हौसला मिलता रहा

आँधियाँ उठती रहीं पर कारवाँ चलता रहा।

जब चले थे हम कि

निस्सन्देह मंज़िल दूर थी।

राह अनजानी कटीली,

झाड़ियों से पूर थी।
खोजने वालों को मंज़िल का पता मिलता रहा
आँधियाँ उठती रहीं पर कारवाँ चलता रहा।

चल पड़े तो दो क्षणों में,
पास मंज़िल आ गई।
चलने वालों से पराजित,
राह पीछे रह गई।
हर कदम अपना स्वयं का रहनुमा बनता रहा।
आँधियाँ उठती रहीं पर कारवाँ चलता रहा।

●

साँसें

साँसों की बात निराली है,

ये साँसें प्यासी होती हैं।

जब आयेंगी तो किसी सुरभि का,

भार खींच कर लायेंगी।

जब जायेंगी तो किसी सुभग

तन से टकराना चाहेंगी।

ये कामदेव सी तन विहीन,

पर बड़ी विलासी होती हैं।

साँसों की बात निराली है,

ये साँसें प्यासी होती हैं।

जीवन की अन्तिम घड़ियों तक,

इनका क्रम चलता रहता है,

तन चाहे जितना ढल जाये,

इनका मन चलता रहता है,

साँसें जब साँसों से मिलती,

बहुतेरी बातें होती हैं।

साँसों की बात निराली है,
ये साँसें प्यासी होती हैं।

ये निकल पड़ीं तो कहाँ जायेंगी,
कोई जान नहीं पाया,
ये आईं कहाँ-कहाँ होकर,
कोई पहिचान नहीं पाया,
इनका कोई आकार नहीं,
पर घट-घट वासी होती हैं।
साँसों की बात निराली है।

●

चाँद

मानव ने तुम पर बसने की की तैयारी,
बोलो बेटा चाँद तुम्हारी हो गई ख़्वारी।
अब प्रेमी के जोड़ों से क्या बात करोगे?
किस हसीन की सूरत को अब मात करोगे?
रात के राजा अब क्या सारी रात करोगे?
धरती ने ललकार गगन से बाज़ी मारी।
बोलो बेटा चाँद तुम्हारी हो गई ख़्वारी।

वह बूढ़ा आकाश लगाये था सीने से,
कभी अघाता था न तुम्हारा रस पीने से,
ऊब जाओगे अब शायद तुम भी जीने से,
जैसे पड़ी पराये बस में अबला नारी।
बोलो बेटा चाँद तुम्हारी हो गई ख़्वारी।

तारे साथ तुम्हारा अब छोड़ेंगे शायद।
ये धरती की ओर तेज दौड़ेंगे शायद,
धरती के तारे अब नभ से होड़ करेंगे,

देखेंगे अब बाज़ी किसने जीती हारी।
बोलो बेटा चाँद तुम्हारी हो गई ख़्वारी।

कण-कण का ले लेंगे भेद नहीं छोड़ेंगे,
उड़ना सीख गये हैं अब क्या मुँह मोड़ेंगे,
घटते बढ़ते रहो नहीं छिपने पाओगे,
अब समझोगे नभ से ये धरती है भारी
बोलो बेटा चाँद तुम्हारी हो गई ख़्वारी।

शर्मा लो कुछ दिन बदली का घूँघट डाले।
बहला लो कुछ दिन कवि शायर, भोले-भोले,
मगर पड़ गये अब मनु के पुत्रों के पाले,
बहुत दिनों चल चुकी प्यार की ठेकेदारी।
बोलो बेटा चाँद तुम्हारी हो गई ख़्वारी।

तोपें दागी जायेंगी अब टैंक चलेंगे,
बड़े कारखाने ऑफिस और बैंक खुलेंगे,
हर चढ़ने वाले को ऊँचे रैंक मिलेंगे,
अब मयंक के भाग्य अंक मिटने की बारी।
बोलो बेटा चाँद तुम्हारी हो गई ख़्वारी।

●

पानी दे

इन्द्र देवता पानी दे-
खेती और किसानी दे,
हल बक्खर की लज्जा रखले,
नई फलस मन मानी दे।

हम नन्हें-मुन्ने सेनानी,
अंग-अंग में देश का पानी।
जोश न ठण्डा होने पाये,
ऐसी मस्त जवानी दे।

आँख में प्यार की शबनम दे,
मुँह पर तेज का पानी दे,
जंग जीतने की ठानी है,
तलवारें ला सानी दे।

अपने प्रण पर अड़े रहें हम,
युद्ध क्षेत्र में खड़े रहें हम,
दुश्मन से दिल दहल न जाये,
वो साहस रूहानी दे।

विजय पताकायें फहरा दें,
घर-घर मंगल दीप जला के,
दाँत तोड़ डालें दुश्मन के,
वो हिम्मत मर्दानी दे।
इन्द्र देवता पानी दे।

●

अंधा-लँगड़ा

दुनियाँ इसी तरह चलती है,
अंधों के कंधे पर लँगड़ा,
अपनी मंज़िल पा लेता है।
लँगड़े की आँखों से अन्धा,
अपना काम चला लेता है।
बड़े-बड़े पेड़ों पर चढ़कर,
जड़ बिन अमरबेल पलती है।
दुनियाँ इसी तरह चलती है।

दुनियाँ एक खेल चौपड़ का,
इसमें श्रम का नाम नहीं है।
तिकड़म अगर सफल हो जाये,
तो उद्यम का काम नहीं है।
लक्ष्मी के पौबारह रहते,
सरस्वती मूँग दलती हैं।
दुनियाँ इसी तरह चलती है।

कुर्सी पर चढ़ बड़ों-बड़ों की,
नीयत डोलती देखी हमने,
अन्न पराया चुगती चिड़िया,
बहुत बोलती देखी हमने।
मर्यादा रोती रहती है,
दाल निकम्मों की गलती है।
दुनियाँ इसी तरह चलती है।

●

खेत का सोना

हीरे, मोती, सोना चाँदी,
नहीं किसी से माँगो,
इतनी मेहनत करो कि
धरती खुद सोना बन जाये।

छलक-छलक कर गंगा मैया,
खेत-खेत भर जाये,
हल पर कसकर धरो हथेली,
बद्धा बढ़ता जाये।

चपल गुजरिया, कसे चुनरिया,
साजन के सँग जाये,
मुट्ठी भर-भर बीज दुफन में,
डाल-डाल मुस्काये।

बीच दो पहर बैल ढील कर,
चार घड़ी सुस्ताये,
पी को भोजन करा मेहरिया,
निरखे नयन अघाये।

खेत का राजा, खेत की रानी,
हिल-मिल रसिया गायें,
स्वर लहरी पर झूम-झूम कर,
खड़ी फसल लहराये।

श्रम की पूजा करो धान्य से
घर आँगन भर जायें,
मेरा देश सोने की चिड़िया,
दुश्मन हेर न पायें।

इतनी मेहनत करो कि
धरती खुद सोना बन जाये।

●

नीड़

सघन पावस रात काली ज्योति को तम छल रहा है,
एक दीपक शून्य कुटिया में अकेला जल रहा है।
तन मनुज का चार तिनकों से बना कमज़ोर ढाँचा,
प्राण पंछी क्यों इसी को नीड़ अपना कह रहा है।
जग प्रवंचन का शिविर है कब किसी के काम आया।
स्वर्ण लक्ष्मी चंचला को कब किसी का नीड़ भाया।
लोल निर्झर लहर का पग कब कहीं पर ठहर पाया।
एक केवल आत्म बल है जो अकेला चल रहा है।

रत्न कंचन के सँजोये महल सब सूने पड़े हैं,
दुग्ध सिंचित चारु उपवन वन सघन सूखे खड़े हैं।
प्राण का पंछी इसी घर में ठहरना चाहता है।
नष्ट होते नीड़ के तिनके पकड़ना चाहता है।
वृक्ष लतिका पुष्प कलिका समयवश मुरझा गये हैं।
एक है विश्वास केवल जो अकेला फल रहा है।

घुसपैठिये

बस रहने दो ऊब गया हूँ,
शान्ति-शान्ति के नारों से,
महाक्रान्ति का रूप धरो और
खेलो अब तलवारों से।
भ्रान्ति शत्रु की दूर करूँगा,
शोलों से अंगारों से,
अब विश्रान्ति न लूँगा,
निपटूँगा खूनी बंजारों से।
सीमा के समीप आकर,
चीटों के पंख निकल आये।
मरने को तैयार हुए,
सागर के शंख निकल आये।
काम पड़ेगा अभी हमारे,
देश के पहरेदारों से।
लोहा लेना होगा तुमको,
वीर सिपहसालारों से।
खिड़की से घर-आँगन से,

दरवाज़ों से दीवारों से,
गूँज रही है एक यही,
आवाज़ गली बाज़ारों से।
मिसाइलों से तोपों से या
ऊर्जा के हथियारों से,
बदला लो हत्यारों से,
बस बदला लो हत्यारों से।
कब तक मौन साधकर बैठूँ,
उलझूँ कूल कगारों से,
मन करता है कूद पड़ूँ,
और पहुंचूँ दूर किनारों से।
माँझी से पतवार छीन लूँ,
कह दूँ चाँद-सितारों से
तुम ऊपर नीचे चमको,
मैं बात करूँ मझधारों से।

●

परिवर्तन

युग खाली रहता नहीं कभी इन्सानों से,
पर हर युग में इन्सान बदलते रहते हैं।
युग खाली रहता नहीं कभी शैतानों से,
पर हर युग में शैतान बदलते रहते हैं।
घाटे का शासन छटती करो गुलामों की,
पर बंगलों के सामान बदलते रहते हैं।
फर्नीचर, मोटरकार, फर्श दीवार नई,
हर खिड़की रोशनदान बदलते रहते हैं।
लंका में आग लगाई जाती बार-बार,
पर हर युग में हनुमान बदलते रहते हैं।
गाड़ी तो वैसी ही चलती है ढचर-ढचर,
हर युग में गाड़ीवान बदलते रहते हैं।
आती जाती हर रोज़ सभ्यता नई-नई,
संस्कृतियों के परिधान बदलते रहते हैं।
मौसम के संग संग रंग बदलता टोपी का,
हर टोपी के ईमान बदलते रहते हैं।

●

पचमढ़ी में बसन्त

रंग एक दिग-दिगंत छाया है,
हर उदासी का अन्त आया है,
आओ बैठो, हँसो गले मिल लो,
पचमढ़ी में बसन्त आया है।

आम बौरा गये हैं सौरभ से,
कोकिला कूक रही है कब से,
लेखनी ललक रही है जब से,
पचमढ़ी में बसन्त आया है।

प्यार करना है तो अभी कर लो,
अपनी झोली सहेज लो भर लो,
नहीं ठहरेगा चला जायेगा,
पचमढ़ी में बसन्त आया है।

वृन्त पर बैठ कर पिकी चंचल,
अपने प्रियतम को टेरती पल-पल,
कौन मधुबन में छुप गये आओ,
पचमढ़ी में बसन्त आया है।

आ गया भ्रमर तंग गलियों से,
बात करता न फूल फलियों से,
कान में कह रहा है कलियों से,
पचमढ़ी में बसन्त आया है।

भ्रमर से बात कर खिली कलिका,
वृक्ष के वक्ष पर चढ़ी लतिका,
वहीं से बोलती है बल खाकर,
पचमढ़ी में बसन्त आया है।

रम्य नगरी के द्वार खुलवा लो,
तुम भी आओ उन्हें भी बुलवा लो,
आओ सब मिल के लूट लें इसको,
पचमढ़ी में बसन्त आया है।

लाल हिरनी से कह रहा हिरना,
अपने वादे से आज मत फिरना,
कुंज में चल छलाँग भर-भर कर,
पचमढ़ी में बसन्त आया है।

सब का मिलना इसी घड़ी में हो,
जिसका साथी न पचमढ़ी में हो,
उससे जाकर न कोई कह देना,
पचमढ़ी में बसन्त आया है।

●

तुम कह दो

तुम कह दो तो फिर से गाऊँ।
दीवानेपन में तो मैंने गीत तुम्हारे ही गाये हैं,
आज होश के पंख खुले तो पुन: नीड़ तक उड़ आये हैं।
नयन-नयन को धोखा देकर नयनों से कर गये पलायन,
फिर से नयन मिलें तो भीगा एक गीत फिर से दोहराऊँ,
तुम कह दो तो फिर से गाऊँ।

जब से आस बुझी है तब से आँख नहीं लगने पाई है,
जब से प्यास जगी है, तब से प्यास नहीं बुझने पाई है।
बड़ा भयावह लगता है प्रिय मावस जैसा जीवन सारा,
सपने में आओ तो प्रेयसि दर्द भिगोये गीत सुनाऊँ।
तुम कह दो तो फिर से गाऊँ।

जब मन में उन्माद उठा है मैंने इसे बहुत रोका है,

जब जब याद जवानी आई मैंने, इसे बहुत टोका है।

फिर भी बीता समय याद कर, मर्यादा का बाँध तोड़ कर,

कुछ कहने की ज़िद करता है पागल मन कैसे समझाऊँ।

तुम कह दो तो फिर से गाऊँ।

●

इस गाँव

इस गाँव चाँदनी मैली-मैली है,
उस गाँव चाँदनी कैसी है लिखना।

इस गाँव साँझ में भरी उदासी है,
उस गाँव साँझ प्रिय कैसी है लिखना।

इस गाँव नींद आते सकुचाती है,
उस गाँव नींद आती हो तो लिखना।

इस गाँव याद आँसू भर लाती है,
उस गाँव याद आती हो तो लिखना।

ऐसे दिन ऐसी रातें कटती हैं,
जैसे दीपक की बाती घटती है।

मिट-मिट कर जैसे दीपक जलता है,
थक-थक कर वैसे जीवन चलता है।

क्या लिख पाऊँ कुछ सोच न पाता हूँ,
फिर भी कुछ लिख कर मन बहलाता हूँ।

इस गाँव कभी भी चैन न आता है,
उस गाँव चैन आता हो तो लिखना।

इस गाँव गीत अन गाये रहते हैं,
इस गाँव प्रीत अनपूजी रहती है।

इस गाँव अश्रु की धारा बहती है,
उस गाँव अश्रु आते हों तो लिखना।

●

संकेत

धरा से गगन तक,
क्यों कल्पना के जाल बुनता,
यदि तुम्हारे नयन का संकेत मिल जाता।

विचारों की गहनतम वीथिका में,
साँझ के पंथी सरीखा भ्रमित,
पथ को खोजता सा,
जान में अनजान में,
आकर तुम्हारे द्वार टिकता,
यदि तुम्हारे नयन का संकेत मिल जाता।

मिलन के चार क्षण,
रससिक्त होते
और दिल के घाव की
गहराइयों तक की
चुभन कसकन निकल जाती,
दुई सब दूर होती,
यदि तुम्हारे नयन का संकेत मिल जाता।

अधर पर हास्य की,
मधु रेख होती, और
चिकुर पर लालिमा होती,
शरारत से भरी बंकिम
कुटिल भ्रू भंगिमा होती।
नये रस सिद्ध कोकिल कण्ठ से
स्वर साधना होती,
नया उल्लास होता,
साज़ का हर तार मिलता,
कोकिला-
मेरे तुम्हारे स्वरों में,
निज स्वर मिलाती,
मोर, अपनी मयूरी लख-
नृत्य करता-
मैं तुम्हारे साथ
आत्म-विभोर होता
यदि तुम्हारे नयन का संकेत मिल जाता।

●

साहस

पन्थ में बाधा नई आती रहीं हैं,
मार्ग मेरा शूल से घिरता रहा है,
जगत विष के बीज कटु बोता रहा है,
पर मेरा साहस प्रबल होता रहा है।

चाँद भी घटता रहा बढ़ता रहा है,
रात भर गलता रहा ढलता रहा है,
पर धरा को चाँदनी देता रहा है,
लेखनी को रागिनी देता रहा है।

ग्रहण से कब सूर्य ने भी हार मानी,
कब ढली वो आग की जलती जवानी,
ग्रहण की दो-चार घड़ियाँ मौन रह कर,
फिर नया आलोक वह देता रहा है।

कब लहर निर्बोध गति से उठ सकी हैं,
वह गिरी हैं और गिरकर फिर उठी हैं,
नाव, पोत, जहाज सब सहती रही हैं,
पर जिधर चाहा उधर बहती रहीं हैं।

सितारे भी टूटते गिरते रहे हैं,
पर नहीं वे टिमटिमाना भूल पाये,
सुमन भी निष्प्राण हो झरते रहे हैं,
पर नहीं सौरभ लुटाना भूल पाये।

राह में गिरिराज आकर अड़ गया था,
रौंध कर सीना उसी पर चढ़ गया था,
माँग का सिन्दूर चढ़कर चूम आया,
विश्व केपाथे पै दो पग घूम आया।

●

मेरा युग

मेरे युग में मैं मुर्दों को,
जीने का अधिकार न दूँगा।
मेरी मिट्टी, मेरे पर्वत,
मेरे वन नदियाँ मेरी हैं।
मेरी धरती मेरा अम्बर,
मेरे घर, गलियाँ मेरी हैं।
किसी लुटेरे को इस घर में
घुसने का अधिकार न दूँगा।

नई ज़िन्दगी जीना चाहो,
तो मेरे पथ पर आ जाओ,
नई राह चलना जो चाहो,
तो मेरे रथ पर आ जाओ।
इस पथ पर चलने वालों को
थकने का अधिकार न दूँगा।

प्राण लगाकर बाज़ी जीतो,
पर देखो ईमान न जाये।

तन से प्राण निकल जाने तक,
होंठों से मुसकान न जाये।
फाँसी पर चढ़ जाने तक भी,
रोने का अधिकार न दूँगा।

ओ ग़फ़लत के सोने वालों,
यह देखो इतिहास बदलता।
कवि की भीषण हुंकारें सुन,
घरती और आकाश बदलता।
उलट पलट के बीच किसी को,
डरने का अधिकार न दूँगा।
मेरे युग में मैं मुर्दों को,
जीने का अधिकार न दूँगा।

●

दर्द

जल गईं खुशियाँ ज़माने की लपट में,
इसलिये मैं दर्द गाने लग गया हूँ।
झर गईं कलियाँ हवाओं की झपट में,
इसलिए काँटे उगाने लग गया हूँ।

चाँद से भी तम बरसने लग गया था,
बहारों में तन झुलसने लग गया था,
इसलिये ग़म और सूनापन समेटे,
धैर्य अपना आज़माने लग गया हूँ।

जाने कैसी बात मेरे साथ है ये,
जाने कैसी रात मेरे साथ है ये,
रोशनी में डर मुझे लगने लगा है,
इसलिये दीपक बुझाने लग गया हूँ।

जागते हैं जब कभी अरमान मेरे,
खत्म होते हैं सभी औसान मेरे,
इसलिये अरमान धरती पर पटककर,

थपकियाँ देकर सुलाने लग गया हूँ।

जिस क़दर भी क़हक़हे मैंने लगाये,
आग सीने में भड़कती ही रही है,
दिल पिघलने पर उतारु हो गया है,
इसलिये आँसू बहाने लग गया हूँ।

●

इक्कीसवीं सदी

यह नवीन मिलेनियम है,

नवसदी नव वर्ष,

आओ नापें तौल लें,

कितना मिला अवसाद कितना हर्ष।

बीतते ही जा रहे हैं, इस सदी के वर्ष

हम वफ़ा करते रहे हैं,

और जिनको सौंप दी है,

डोर अपने प्राण तक की-

वे न जाने क्या कहें,

क्या कर रहे हैं।

हम सँजोते ही रहे हैं, स्वप्न

हमको देखना है देश का उत्कर्ष।

बीतते ही जा रहे हैं इस सदी के वर्ष।

कह रही बीवी ग़रीबी हट गई है,

रोज पढ़ती हूँ यही अख़बार में,

किन्तु फिर भी,

तेल मिट्टी का तलक तुम ला न पाये,

और मैं चुप हूँ
कि मेरे पास कुछ उत्तर नहीं है।
कर रहा हूँ-
स्वयं अपने आप से संघर्ष,
बीतते ही जा रहे हैं, इस सदी के वर्ष।

चाँद दिखला कर हमें बहला रहे हैं,
घाव गहरे नमक से सहला रहे हैं,
किस तरह तिकड़म जमायें वोट की,
किस तरह थप्पी लगायें नोट की,
किस तरह नादान जनता को,
बनायें मूर्ख,
चल रहा है इसी पर
गहरा विचार विमर्श-
बीतते ही जा रहे हैं इस सदी के वर्ष।

अब सदी इक्कीसवीं भी आ गई है,
झूठ सपनों की चमक दिखला रही है,
कुछ नहीं कर पाये हम
पिछली सदी में,
कर न पाये भेद कुछ
नेकी बदी में-

जिनको उठना ही है, उठते जायेंगे वो
जिनको गिरना ही है, गिरते जायेंगे वो,
इस व्यवस्था का,
निकलता है यही निष्कर्ष।
बीतते ही जा रहे हैं इस सदी के वर्ष।

●

खण्डहर

चाहता हूँ अब किसी खण्डहर से नाता जोड़ लूँ मैं,
चमचमाते महल चौमहलों से नाता तोड़ लूँ मैं।
महल की चीखें महल के क़हक़हे सुनना असंभव,
महल से सद्भावना के फूल भी चुनना असम्भव।
महल की ऊँचाइयों में पाप पलते हैं घनेरे,
आह भरती रात है और सिसकियाँ भरते सवेरे।
महल में महिला उपेक्षित, महल में मानव प्रताड़ित,
महल की रँगरेलियों में छल कपट, ईर्ष्या प्रवाहित।
खँडहरों में शान्ति, वैभव हीनता, शुचिता, सरलता,
एक खँडहर से जुड़ूँ और भाग्य उसका मोड़ दूँ मैं,
और फिर उसके लिये संसार सारा छोड़ दूँ मैं।
चाहता हूँ अब किसी खँडहर से नाता जोड़ लूँ मैं।

●

सूखा-सावन

चली जाती है सावन में,

कोई बरसे बिना बदली,

धरा पर टूट पड़ती है,

कोई समझे बिना बिजली,

न पूछो बीतती है क्या,

किसी प्यासे पपीहे पर,

कि जब एक बूँद की अभिलाख में,

सावन निकल जाये।

तुझे क्या तू चमक कर,

एक क्षण में भाग जायेगी,

तेरी जलती सलाखों से,

कलेजा दाग जायेगी।

बहक जाती है जब आँधी से,

टकरा कर घटा काली,

विवश हो निरखता है,

सूखते पौधे खड़ा माली।

मनौती कर रही है,

देवता से खेत की रानी,
गई मावस न अब बरसे,
बिना पूनम निकल जाये।
अरे क्यों मौन हो भादों,
अरे क्यों मौन हो सावन।
ये सूखे कण्ठ, व्याकुल प्राण,
भीगे नयन, प्यासे मन।
कहीं ऐसा न हो बरसात,
का मौसम निकल जाये,
धरा के घाव हरियाते रहें,
मरहम निकल जाये।

●

ग़म और तम

ग़म से हार गई खुशियाली,
तम से हार गया उजियाला।
साथी जिसका दूर रहे तो,
मौसम कितना साथ निभाये,
सूरज थककर छिप जाये तो,
दीपक कितना ज़ोर लगाये,
भीतर कितनी उथल पुथल है,
बाहर पड़ा हुआ है ताला।
ग़म से हार गई खुशियाली।

आँधी में यदि चमक गई तो,
बिजली कितनी देर रुकेगी,
भटकी हुई गगन से नीचे,
बदली कितनी और झुकेगी।
अब की इस बासन्ती ऋतु को,
कैसा मार गया है पाला।
ग़म से हार गई खुशियाली।

दीपक के नीचे छुपछुप कर,
देखो कितना तम रहता है,
आँखों के प्यालों से जब भी,
बहता है तो ग़म बहता है।
रीत गई खुशियों की गगरी,
छलक रहा है ग़म का प्याला।
ग़म से हार गई खुशियाली।

●

गणपति बप्पा

गणपति बप्पा मोरिया-
आधी सदी बिता कर हमने,
क्या पाया क्या खो दिया।
आओ देखें मेरे देश ने,
क्या काटा क्या बो दिया।
गणपति बप्पा मोरिया-

माँ के दो टुकड़े कर हमने,
पाई है लँगड़ी आज़ादी।
घर आँगन बुहार ना पाये,
शुरू हो गई है बरबादी।
अपने ही मल्लाहों ने,
अपनी नौका को डुबो दिया।
गणपति बप्पा मोरिया-

मैं पंजाबी, मैं कश्मीरी,
मैं आसामी बेटा हूँ,
माँ के टुकड़े कर डालूँगा,

इसी टोह में बैठा हूँ।
दूध भरे माँ के आँचल को,
रक्त बहा कर धो दिया।
गणपति बप्पा मोरिया-

सीमाओं की जटिल समस्या,
अभी नहीं सुलझा पाये हम।
कम्प्यूटर उग आये,
पूरी रोटी नहीं उगा पाये हम।
झुग्गी का अधनंगा बालक,
पेट पकड़ कर रो दिया।
गणपति बप्पा मोरिया

कश्मीर

मेरे प्रिय कश्मीर प्रान्त में कैसा क्रूर विहान हुआ,

अपने ही नाखूनों से घायल हो लहूलुहान हुआ।

कई पीढ़ियों पहले साथी धर्म एक ही अपना था,

कर्म एक ही अपना था और मर्म एक ही अपना था।

कुछ तो कुछ के कुछ हो बैठे कुछ जैसे के तैसे हैं,

शत्रु हो गये एक दूजे के पगले कैसे कैसे हैं।

शेरों की हुंकारें अपनी ही धरती पर कुंठित हैं,

मेरे देश के शीर्ष राज्य की मर्यादा भू लुंठित है।

किसी पड़ोसी ने अपने ही बच्चों को भरमाया है

पूजा के ही दीपक से अपना घर बार जलाया है।

घुसपैठिये घरों में घुसकर काम घूस का करते हैं

घर की नीवें खोद खोदकर यारी का दम भरते हैं।

देश हमारा लोग हमारे हम अपनी सुलझा लेंगे,

रूठे हुए मना लेंगे हम अपनों को समझालेंगे।

हरी वादियाँ देख गधों का डगमग क्यों ईमान हुआ।

अपने ही नाखूनों से घायल हो लहूलुहान हुआ।

●

मेरा गाँव

फिर याद आ रहा है मेरा खँडहरों का गाँव,
कहीं टूटते हुए कहीं टूटे घरों का गाँव।
मिट्टी की सलीके से बनी साफ़ दिवारें,
कही छत पे हैं खपरेल कहीं छप्परों का गाँव।
हरसिद्धि, महाकाल, काल भैरव, हनुमान,
बस्ती जरासी और बड़े मन्दिरों का गाँव।
लालाओं के और मौलवियों, पण्डितों के घर,
मूँछों पे ताव देते हुए ठाकुरों का गाँव।
जाटों की, मराठों की, फकीरों की बस्तियाँ,
नापित का चमारों का और बुनकरों का गाँव।
परिवार का हो या न हो रिश्ता सभी में है,
माँ बहनों काका-काकी, दादा-दादियों का गाँव।
हर कोई एक दूजे का लगता है कुछ-न-कुछ,
ममता भिगोई भाभियों और देवरों का गाँव।
बरसात में चलना है यहाँ बचते बचाते,
राहों में अस्त व्यस्त पड़े पत्थरों का गाँव।

होली की दिवाली की दशहरे की रौनकें,
और ईद पर आये हुए सौदागरों का गाँव।
शहरों की चकाचौंध से उकताता है जब दिल,
जी चाहता है देखिये फिर दिलबरों का गाँव।

●

कश्मीर समस्या

ऊब गया हूँ सुनते-सुनते,
बात करो कश्मीर पर।
गन्दे नाले से बतियायें,
क्यों गंगा के तीर पर।
मुल्क हमारा लोग हमारे,
बात करो बेग़ानों से।
दवा होश की क्या पूछोगे,
विक्षिप्तों दीवानों से।
भूमि हमारी देश हमारा
इसका सब परिवेश हमारा।
मतब हमारे दवा हमारी,
धरती पानी हवा हमारी।
मज़हब अपने धर्म हमारे,
झरने ठण्डे गर्म हमारे।
फिर क्या है कश्मीर समस्या
अब तक समझ नहीं पाया हूँ।

खोज बीन कर एक नया,

फार्मूला लेकर मैं आया हूँ।
एक बड़ा विस्तीर्ण क्षेत्र तब,
शास्त्री जी ने जीत लिया था।
सोच समझ कर मानवता वश,
सबक सिखाकर छोड़ दिया था।
बात अगर करना ही हो तो,
बात करो लाहौर पर।
ऊब गया हूँ सुनते-सुनते।

•

ब्रज मण्डल

जसोदा तेरो सुत नहीं माने सीख-
गलियन ठाँड़ों हाथ मुरलिया,
देखि गुजरिया बीच डगरिया,
रस की माँगे भीख-
जसोदा तेरो सुत नहीं माने सीख।

कौन डगर मैं जाऊँ निकसि के,
कुंज गलिन में रह गई फँसि के,
टारत कुल की लीक-
जसोदा तेरो सुत नहीं माने सीख।

दधि की मटकिया चटकि चटकि जात,
छीनि धरनि पे पटकि पटकि जात,
हो गओ कितनो ढीठ-
जसोदा तेरो सुत नहीं माने सीख।

नैन नचावे, सैन बुलावे,
मीठे-मीठे बैन सुनावे,
रति रस को पारीख-
जसोदा तेरो सुत नहीं माने सीख।

●

नयन नंदलाल के

हो गई साँझ की बिरिया,
घिर के आई री बदरिया,
मैं हूँ काहू की बहुरिया,
अब तो छाँड़ि दे, साँवरिया,
नीके नीके नयन नंदलाल के।

मैं तो धोखे में आ गई,
तोरी बड़री अँखियाँ भा गई,
बैरन बाँसुरिया लुभा गई,
तोरी बाँहों में समा गई
छल गये बैना मदन गोपाल के।

लल्ला अब आई सों आई,
आगे राम की दुहाई,
अब ना तेरी गलिन में आऊँ,
मोरी मैया सौंह दिलाई,

छुप के जाँऊ चुनरिया संभाल के,
नीके नीके नयन नंदलाल के,
छल गये बैना मदन गोपाल के।

●

होली की ठिठोली

सखी होली में बोली ठिठोली भरी,
हमजोली ने रोली लगाय दई।
अँचरा सरके कँगना खरके,
जियरा धड़के सखी हाय दई।
सजि के निकसी सुनसान गली,
मग में घनश्याम ने घेरि लई।
अँखियाँ अँखियन सों चारि भईं,
रसिया बतियांय के मोह लई।
घर जाय के मैया से कैसे कहूँ,
दु:ख दारुन प्रीति को कैसे सहूँ।
न इतै की रही न उतै की रही,
छिन माहिं लला भरमाय लई।
सखी होली अबीर गुलालन की,
पिय की, ललना अरु लालन की।
कहुँ गाल गुलाल से लाल भये,
कहुँ रंग से चूनर लाल भई।

नहिं भेद रह्यो नर नारिन को,
नँद के अँगना अस भीर भई,
लखि राधा को श्याम भये राधा,
लखि श्याम को राधा जी श्याम भई।

●

लूटी साँवरिया

जो बरसी बदरिया तो भीगी चुनरिया,
जो भीगी चुनरिया तो सकुची महरिया,
जो सकुची महरिया तो लचकी कमरिया,
जो लचकी कमरिया तो छलकी गगरिया,
जो छलकी गगरिया तो लागी नजरिया,
जो लागी नजरिया तो बाजी बँसुरिया,
जो बाजी बँसुरिया तो नाची गुजरिया,
जो नाची गुजरिया तो झनकी झाँझरिया,
जो झनकी झाँझरिया तो हो गई बावरिया,
जो हो गई बावरिया तो भटकी डगरिया,
जा भटकी डगरिया तो छूटी नगरिया,
जो छूटी नगरिया तो छाई अँधिरिया,
जो छाई अँधिरिया तो लूटी साँवरिया।